道德经

微阅读

马喜千 / 主编

袁安岭　王伟 / 副主编

李波 / 漫画

读与不读，
老子就在这里……

经德道

山东人民出版社·济南

国家一级出版社　全国百佳图书出版单位

图书在版编目（CIP）数据

道德经微阅读／马喜千主编．--济南：山东人民出版社，
2021.8

ISBN 978-7-209-13305-0

Ⅰ．①道… Ⅱ．①马… Ⅲ．①道家②《道德经》－通俗
读物 Ⅳ．①B223.1-49

中国版本图书馆CIP数据核字(2021)第111915号

道德经微阅读
DAODEJING WEIYUEDU
马喜千　主编

主管单位	山东出版传媒股份有限公司
出版发行	山东人民出版社
出 版 人	胡长青
社　　址	济南市英雄山路165号
邮　　编	250002
电　　话	总编室（0531）82098914
	市场部（0531）82098027
网　　址	http://www.sd-book.com.cn
印　　装	日照日报印务中心
经　　销	新华书店
规　　格	16开（165mm×230mm）
印　　张	11.5
字　　数	100千字
版　　次	2021年8月第1版
印　　次	2021年8月第1次
ISBN 978-7-209-13305-0	
定　　价	39.00元

如有印装质量问题，请与出版社总编室联系调换。

《道德经微阅读》，是段子《道德经》，是朋友圈《道德经》，是百姓《道德经》，是寒假《道德经》，是暑假《道德经》，是周末《道德经》，是茶余饭后《道德经》，而非学者《道德经》。

2019年作者出版了《论语微阅读》，所以本书自然叫作《道德经微阅读》。

《道德经微阅读》仍然沿用了《论语微阅读》的写作形式，没有考据，没有集注，前面是"原文"和"漫画点睛"，接下来是译文——"鹦鹉学舌"，最后是点评——"画蛇添足"。

《道德经》也叫《老子》，但《老子》的版本很多很乱，各版本之间，出入也较大，很难说哪个版本更权威。乱归乱，那也只是个别字句的乱，其"道"却始终如一。

不读《老子》不知老子之伟大，不读《老子》不知老子之天真。不读《老子》不知中国哲学之玄妙，不读《老子》不知中国文化之精深。

2020年2月14日星期五于济南家中

目 录

序

篇

老子是谁

　　老子，姓李，名耳，字聃，春秋末期陈国苦县（今河南鹿邑县）人，曾任周王朝图书馆馆长一职。后来陈国并入楚国，所以把老子说成是楚国人也对。老子是中国古代哲学家、思想家。老子本想隐姓埋名，却硬被后人揪出来推举为道家老祖，后又被尊为太上老君。

老子比李耳有名

传说老子的母亲吃下一颗李子而怀孕，怀孕八十一年方分娩。老子生而耳大，所以他就指耳为名，指李为姓。老子生而须发皆白，所以人们就送其外号"老子"。外号越叫越响，而其本姓本名却只成了一个书面符号。

书生皆知老子就是李耳，李耳就是老子；而百姓大都只知老子是谁，而不知李耳是谁了。

老子比李耳有名。

道德经微阅读

您确定"李耳"与大耳朵有关乎？

老子为什么叫老子

周敬王时期，李耳看到周王朝越来越衰败，于是辞去图书馆馆长之职，骑上青牛离周西去，至函谷关被关长尹喜卡住。见到李耳，饱读诗书的尹关长欣喜万分；听说李耳决意西隐，他万分不舍。于是，尹关长心生一计，对李耳说："先生出关我可以放行，但得留下一些笔墨。"李耳无奈，只得写下"五千言"。

李耳留下五千字，但没个题目，尹关长敬重李耳，见李耳也有一把年纪，于是就给"五千言"取名《老子》。之后，"老子"既成了著作之名，又成了老子之名。当然，这也是传说。

有人主张，老子就是老先生之说。当然这也只是主张。

老子为什么叫老子，目前还没有一个权威的说法。

不过，确实应该感谢尹关长。

老子终老何处

　　老子交过作业"五千言",尹关长兑现了承诺,放老子西行。于是,老子乘青牛出函谷关,渡流沙,入大漠,出西域,最终去了哪儿,终老何处,何时终老,就没人知道了。

　　老子出关时,既无家丁,也无随从,更无家眷,只有一头青牛。中国历史上能够做到真"隐"的,大概只有老子了。

　　再次感谢尹关长。

道德经微阅读

在远方……

我们将魂归哪里?

《老子》咋又成了《道德经》

　　《老子》叫《五千言》，也叫《老子五千文》，这都好理解。《老子》九九八十一章，前三十七章主要讲"道"，后四十四章主要讲"德"，所以后人干脆将其称为《道德经》。

　　说到老子，就不得不说唐太宗李世民。李世民当了皇帝，一心要给自己找个史上有名的人当祖宗，于是就认了老子为其始祖，因此整个李唐时期就特别尊崇老子。《道德经》之名，大概就是在李世民之后慢慢叫起来的，"太上老君"也是在李唐之时一步一步塑造出来的。道教，实际上也就成了李唐之国教。

老子天下第一

老子天下第一！——谁敢如此狂妄？其实，这个老子指的是李耳。有对联曰：老子天下第一，孙子举世无双。这个老子，李耳无疑；这个孙子，著《孙子兵法》的孙武无疑。

《老子》不过五千言，但研究《老子》的著作，到元朝时，已有三千种之多。据联合国教科文组织统计，世界上外文出版版本最多的书是《圣经》，紧随其后的便是《老子》。可以这么说，老子是最具全球文化影响力的中国人物之一。

孔子走出国门，早于老子，但主要限于东亚；老子走出国门，虽然是16世纪以后的事，但其影响却是全球性的。所以说，老子天下第一，在今天看来，也不为过。

孔子是老子的学生

老子与孔子大体是同时代人，老子长孔子二三十岁，也可能是三四十岁，这一点在学术上没多少争议。孔子曾问礼于老子，这一点在学界争议也不大，有争议的只是孔子问礼于老子，是一次、两次还是多次，当然在什么时间什么地点问的礼，争议更大。

问礼，就是询礼问法，用现在的话说，差不多等于"讨教"。

一次孔子向老子讨教之后，孔子门生问孔子，老子何德何能？孔子说："鸟，吾知其能飞；鱼，吾知其能游；兽，吾知其能走。走者可以为网，游者可以为纶（钓），飞者可以为矰（射）。至于龙，吾不能知，其乘风云而上天。吾今日见老子，其犹龙邪！"

孔子以鸟、鱼、兽作过比喻之后，就讲到了龙。孔子说："至于龙是怎么飞上天的，我就不知道了。我今天见到的老子，就像龙啊！"

当然孔子问礼于老子是留有佳篇佳话的，在此不赘述。

何谓黄老

　　就是今人，也常把黄老、黄老道、黄老学说、黄老之术、黄老思想挂在嘴上；它们大体是指始于战国盛于西汉的一种早期道教流派，主张休养生息、无为而治；西汉初期的"文景之治"，直接得益于这一思想。

　　何谓黄老？黄，自然是指上古时期的黄帝；老，自然是指老子；黄老学说的代表作那也自然是《老子》了。

别搞错了，
是黄老，不是老黄！

我更关注
这部代表作！

何谓老庄

老，即老子；庄，即庄子，也就是庄周。老庄，并列于孔孟；老庄之道，并列于孔孟之道。巧合的是，老子和孔子大体是同时代人，庄子和孟子大体也是同时代人；老、庄都是楚国人，孔、孟都是鲁国人。孟子发扬发挥了孔子思想，庄子发扬发挥了老子哲学。孟子及其弟子著有《孟子》，庄子及其弟子著有《庄子》，又名《南华经》。

老、庄并称，老子和庄子一并成为道家学说的代表人物，就像孔、孟同是儒家学说的代表人物是一个道理。

为什么是八十一章

《老子》，为什么是九九八十一章？

老子向尹关长交五千字作业的时候，肯定没分什么上篇下篇，更不会有什么章节。上篇下篇，定是后人所为；八十一章也定是后人所分。当时作文，既没有标点符号，也没有明确的段落之别，何来八十一章？八十一章者，后人分梳之果也。

为什么是八十一章？有人猜测，是取其九九归一之意。

何谓"一"？"一"，即为道。老子曾把"一"说成"道"，也曾把"道"说成"一"。

《老子》九九八十一章，《易经》八八六十四卦。

章节、标点、段落，留给后人区分吧！

正

篇

何谓道，难说难道

道可道，非常道；名可名，非常名。无，名天地之始；有，名万物之母。故常无，欲以观其妙；常有，欲以观其徼（jiào）。此两者，同出而异名，同谓之玄。玄之又玄，众妙之门。

道，如果可以言说，就不是永恒之道了；名，如果可以命名，就不是永恒之名了。无，说的是天地之始；有，说的是万物之母。所以，要常从无中，观察道的奥妙；常从有中，观察道的端倪。无和有，此二者，同出一源，只是名称不同，它们都很玄妙。它们不是一般的玄妙，而是玄妙之玄妙，是天地万物玄妙之总门。

道德经微阅读

【画蛇添足】

不交作文出不了关，想想尹关长，看看身边的青牛，望向浩瀚的星空，老子思之幽远：宇宙边在何处，边外又有什么？天地谁生，万物何来？老子灵感大发："道可道，非常道；名可名，非常名……"

何谓道？只可意会，不可言说。道，即规律？道，即宇宙？道，即人生？……老子这一"道"，实在是难说难道……

何谓美，美美为恶

天下皆知美之为美，斯恶已；皆知善之为善，斯不善已。故有无相生，难易相成，长短相较，高下相倾，音声相和，前后相随。是以圣人处无为之事，行不言之教；万物作焉而不辞，生而不有，为而不恃，功成而弗居。夫唯弗居，是以不去。

天下皆以善为善，
就要走向不善了！

我怎么听着
像辩证法呢？

【鹦鹉学舌】

　　天下皆以美为美，就要走向丑恶了；皆以善为善，就要走向不善了。所以，有无相对而生，难易相辅而成，长短相较而现，高下相比而存，音声相和而韵，前后相随而有。所以圣人以无为处事，行无声之教。万物兴，而不加以干扰；万物生，而不据为己有；有为而不自恃，有功而不自居。因不自居，所以也就不会失去。

【画蛇添足】

　　以皇帝为美，就有人造反；以官为美，就有人不择手段；以财为美，就有人抢劫；以名为美，就有人标榜；以瘦为美，就有人不吃饭，甚至造出一身病来……

　　君子爱美，美之有道，可惜世间不尽是君子。

何以不尚贤

不尚贤，使民不争；不贵难得之货，使民不为盗；不见可欲，使民心不乱。是以圣人之治，虚其心，实其腹，弱其志，强其骨，常使民无知无欲，使夫智者不敢为也。为无为，则无不治。

　　不崇尚圣贤，民便不争名；不以珍物为贵，民便不偷盗；不显摆功名利禄，则民无欲，民心便不乱。所以圣人理政治国，要净民之心，实民之腹，弱民之志，强民之骨，始终使民无知无欲。这样一来，即便是智者，也不敢妄为。无为而为，不治而治，则国无不治，民无不顺。

道德经 微 阅 读

　　不尚贤，不贵物，逆人性，违人欲——贤，何以不尚？物，何以不贵？老子所说"无为而治"，无为，便是顺乎民心民意，使其不尚贤，不贵物，这分明有违民性，这哪里还叫无为？

道，空而无形

道冲（虚空），而用之或不盈。渊兮，似万物之宗。挫其锐，解其纷，和其光，同其尘，湛兮，似或存。吾不知谁之子，象帝之先。

【鹦鹉学舌】

　　道，空而无形，用之却无处不在、无边无涯。这个道之深远，似万物之本源。即便挫其锋锐，解其纷杂，敛其光芒，混同于尘埃，它也仍然幽深高远，似无若有，似有若无。我不知道它是谁来孕育生成的，好像是在天地万物之前，这个道就已经存在了。

【画蛇添足】

　　美美为恶，善善为不善；不尚贤，不贵物，老子在说过两段哲语之后，又望向星空，回到了"道"的境界。彼时彼刻，能理解老子的，大概只有那条青牛了。

道德经⟨微⟩⟨阅⟩⟨读⟩

老子在说什么呢

天地不仁，以万物为刍狗；圣人不仁，以百姓为刍狗。天地之间，其犹橐籥（tuó yuè，风箱）乎？虚而不屈，动而愈出。多言数穷，不如守中。

先生，那你视我为刍狗还是刍牛？

【鹦鹉学舌】

天地无所谓仁与不仁，天地视万物如草编的祭狗；圣人无所谓仁与不仁，圣人视百姓如草编的祭狗。天地之间，不正如一个大大的风箱吗？它虚而无穷，愈鼓风愈出，愈鼓风愈大。政令多反而行不通，不如保持清静无为的平衡状态。

【画蛇添足】

老子在说什么呢？天地无爱无恨不偏不向，然而天地的力量却是无穷的；圣人无爱无恨不干不扰，然而顺其自然的力量却是无穷大的……

何谓天地老母

谷神不死，是谓玄牝（pìn）。玄牝之门，是谓天地根。绵绵若存，用之不勤。

正
篇

天地老母
何在？

先生你也是
天地老母所生吗？

如山谷般空空的道，是永恒不灭的；这个空空的玄妙的道，即是所谓的生育万物的老母。这个生育万物的玄妙的老母生化之门，就是生天孕地之根。它绵绵不绝，无穷无尽，无所不能。

【 画蛇添足 】

牝，原义为生殖器，在此引申为老母。玄牝，即妙化老母。何谓道，原来道即天地老母，可天地老母又是什么呢？

道德经微阅读

天地何以长久

天长地久。天地所以能长且久者，以其不自生，故能长生。是以圣人后其身而身先，外其身而身存。非以其无私邪？故能成其私。

正
篇

一个人都舍身忘我了，干吗还要存私心？

这不是说我老牛吗？

　　天长地久。天地之所以能长生不老，是因其不为自己而生，故能长生。圣人虑己在后，反而众人推先；圣人舍身忘我，反而永垂不朽。圣人之所以众人推先，之所以永垂不朽，不正是因为他们的无私吗？因其无私，所以天下才成其私。

【 画蛇添足 】

　　大道之行，天下为公。公而忘私，天下反而成其私。

道德经微阅读

上善何以若水

上善若水。水善利万物而不争，处众人之所恶，故几于道。居善地，心善渊，与善仁，言善信，政善治，事善能，动善时。夫唯不争，故无尤。

水善利万物而不争！

牛善利万人而不辞！

【鹦鹉学舌】

上善若水。水善利万物却不与万物相争，水善处众恶之地却不嫌其洼，水的这种品性，最接近于"道"的境界了。上善之人甘居卑下之地，心善如渊，交善仁爱，说话善于守信，为政善于治理，做事善于发挥长处，行动善于把握时机。上善之人只因其不争名夺利，所以才不会招来怨恨祸患。

【画蛇添足】

上善何以若水？水善利万物而不争。怨，起于争；祸，起于争。争，怨之始，祸之端！关于争，老子的妙论还在后面。当然，不争是不现实的，但要"争而有道"……

过而生祸

持而盈之，不如其已；揣（zhuī）而锐之，不可长保。金玉满堂，莫之能守；富贵而骄，自遗其咎。功遂身退，天之道也。

【 鹦鹉学舌 】

贪得无厌，不如适可而止；锋芒毕露，难以持久。金玉满堂，难藏难守；富贵骄横，自食恶果。功成身退，顺天应道。

【 画蛇添足 】

《尚书》有言：满招损，谦受益，时乃天道。《老子》本章，格言式地解释了《尚书》之言。过（过头），过（过错）也；过，祸也！孔子说，智者不惑；老子的言下之意是，智者不"过"。

道德经微阅读

老子孔子也打架

载营魄抱一，能无离乎？专气致柔，能如婴儿乎？涤除玄览，能无疵乎？爱民治国，能无为乎？天门开阖，能为雌乎？明白四达，能无知乎？生之畜之，生而不有，为而不恃，长而不宰，是谓玄德。

如孔子所说，君子和而不同嘛。

据说，那个孔圣人总和您唱反调！

【鹦鹉学舌】

形神承载营运于一身，能永不分离吗？聚精会神心柔气和，能如婴儿般纯真吗？清除丛生的私心杂念，能彻底吗？爱民治国，能无为而治不瞎折腾吗？口开鼻合，安民理政，能像母性一样无私吗？聪明通达，能表现得谦虚谨慎吗？既能生育抚养，又能做到生而不为私有，育而不自恃其功，长而不为主宰，达到此境此界，德可谓至高玄深。

道德经微阅读

【画蛇添足】

我生你养你容易吗？我生儿不就是为防老吗？我是你爹，你不听我的，你不就是不孝之子吗？这些都是孔子的忠孝思想，好像与老子的主张有点拧。

老子孔子也打架。

有而为形，空而为用

　　三十辐（辐条），共一毂（gū，车轮），当其无，有车之用。埏埴（shān zhí，揉泥制坯）以为器，当其无，有器之用。凿户牖（yǒu，窗）以为室，当其无，有室之用。故有之以为利，无之以为用。

【 鹦鹉学舌 】

众多辐条，集于一毂，撑起车轮之空，方有车之用。调泥和土烧制成器，构成器中之空，方有器之用。开门凿户建成房屋，架起室中之空，方有室之用。所以"有"之以为利，"无"（空）之以为用。

【 画蛇添足 】

有而为形，空而为用，小空小用，大空大用，器如此，人亦如此。胸怀天下，方有成天下大事之可能；胸怀宽广，无论对什么事都能宽宏大量，方有成宰相之可能。这就是胸为形，"胸怀"为空……

非淡泊无以明志

　　五色令人目盲，五音令人耳聋，五味令人口爽，驰骋畋（tián）猎令人心发狂；难得之货令人行妨。是以圣人为腹不为目，故去彼取此。

我已舍弃物欲，淡泊名利，只求简朴……

此乃圣人境界，为你点赞！

我比你还无欲无求，有草吃就很幸福了！

【鹦鹉学舌】

五彩纷呈令人目眩，五音嘈杂令人耳聋难辨，五味丰美令人舌不觉味，纵情逐猎令人发狂，奇珍异宝令人玩物丧志。所以圣人只求简朴而不求声色之乐，故舍弃物欲而保持操守志向。

【画蛇添足】

诸葛亮《诫子书》中说："夫君子之行，静以修身，俭以养德。非淡泊无以明志，非宁静无以致远。夫学须静也，才须学也……"这与老子的言论有异曲同工之妙。

道德经微阅读

身许天下，方可为公

宠辱若惊，贵大患若身。何谓宠辱若惊？宠为下，得之若惊，失之若惊，是谓宠辱若惊。何谓贵大患若身？吾所以有大患者，为吾有身，及吾无身，吾有何患？故贵以身为天下，若可寄天下；爱以身为天下，若可托天下。

那你还是向我老牛学习吧！

身许天下，宠辱不惊！

得宠与受辱皆若惊，是因为把大患看得与自身一样重要。为什么得宠与受辱皆若惊呢？位卑之人，突然得宠能不惊喜吗，突然失宠能不惊恐吗？这就是得宠与受辱皆若惊。那么，为什么把大患看得与自身一样重要呢？我之所以有大患，是因为我有身体；如果我没有身体，我还哪来祸患？所以，能够舍身忘我治天下者，天下方可寄于其身；能够身许天下者，天下方可托于其身。

道德经 微 阅 读

【画蛇添足】

天下为公，公天下。以身许公，公而忘私，方可治天下。孙中山、毛泽东皆为公天下者，即便他们并非完人，也会犯错，但不失其生命之光，因为他们就像太阳，照耀的是普天之下的芸芸众生。身许天下，方可为公。

何谓道，真是难说难道

视之不见，名曰夷；听之不闻，名曰希；搏之不得，名曰微。此三者不可致诘，故混而为一。其上不皦（jiǎo），其下不昧，绳绳不可名，复归于无物。是谓无状之状，无物之象，是谓惚恍。迎之不见其首，随之不见其后。执古之道，以御今之有。能知古始，是谓道纪。

无形而形，无状而状，
无物而物，无象而象……

你说我老牛
是有形还是无形？

看也看不见，就叫它"夷"吧；听也听不到，就叫它"希"吧；摸也摸不着，就叫它"微"吧。这三者难分难辨，浑然为"一"。"一"者，其上不那么明，其下不那么暗，无始无终，无穷无尽，无头无绪，不可描述，说来说去它终归是无形无象。这就是无形而形，无状而状，无物而物，无象而象，这就是"惚恍"。迎着它，不见其首；跟着它，不见其后。遵循着古之"道"理，以驾驭现实之事，因此能够探古溯源，这就是"道"之法则。

道德经 微 阅 读

【 画蛇添足 】

何谓"一"？此"一"谓之"道"。说来说去，老子又说起了他的"道"。何谓道？真是难说难道！

如果道是上帝

古之善为士者，微妙玄通，深不可识。夫唯不可识，故强为之容：豫兮，若冬涉川；犹兮，若畏四邻（邻国）；俨兮，其若客；涣兮，若冰之将释；敦兮，其若朴；旷兮，其若谷；混兮，其若浊。孰能浊以止，静之徐清！孰能安以久，动之徐生！保此道者，不欲盈。夫唯不盈，故能蔽而新成。

善于用道者，
深不可测……

饿了我就想吃，
困了我就想睡，
你说我这牛道是可测
还是不可测？

　　古时善于用道者，微妙玄通，深不可测。因其深不可测，所以只能勉强如此形容：预测料事，如履薄冰；忧虑思谋，如提防邻国来袭；严肃庄重，如见宾客；和蔼可亲，如冰之消融；敦厚质朴，如未工之木；辽旷豁达，如深幽空谷；宽容包纳，如水之混浊。谁能改变水之浑浊，阴静则渐可澄清。谁能使万物安泰长久，阳动则渐可生生。遵此"道"者，不自满。正因其不自满，所以能吐故纳新。

道德经 微 阅 读

【画蛇添足】

　　老子这是在按"道"的标准，为古之士人画像啊！如果"道"是上帝，那么"士"便是耶稣；如果"道"是如来，那么"士"便是活佛……

入静则察，有容乃大

致虚极，守静笃。万物并作，吾以观复。夫物芸芸，各复归其根。归根曰静，是谓复命。复命曰常，知常曰明。不知常，妄作凶。知常容，容乃公，公乃全，全乃天，天乃道，道乃久，没身不殆。

【鹦鹉学舌】

　　入虚极之界，守静定之境。唯其如此，才能从万物生长中，观察其规律。物象纷繁，但最终都要复归其本源。归其本源状态叫作静，静就是复归其命。循环往复的这种生命现象就是宇宙的永恒法则，了解了宇宙的这种永恒法则就叫作悟。不知宇宙永恒法则，就会胡作妄为招凶惹祸。认识了这种永恒法则的人就能容，有容乃公，公而周到不偏，周到不偏方可治理天下，治理天下要遵"道"理，遵"道"理方可长治久安，终身才无祸患。

道德经 微 阅 读

【画蛇添足】

　　入虚则定，入定则静，入静则察。察而智，智而明，明而治。有容乃大，大而公，公而治，治而无祸。不公则偏，偏而私，私而贪，贪而祸。

对号入座吧

太上，不知有之；其次，亲而誉之；其次，畏之；其次，侮之。信不足焉，有不信焉。悠兮，其贵言，功成事遂，百姓皆谓我自然。

正篇

对号入座……

小化你的脑袋！

【鹦鹉学舌】

最高明的领导，民感觉不到其存在；次一等的领导，民则称赞其功德；再次一等的领导，民则畏惧其权；最次的那种领导，民则轻蔑诅咒。领导诚信不足，说得再好听民也不信。那种看起来悠悠闲闲的领导，很少发号施令、指手画脚，然而功就成了，事就遂了，民就顺了；老百姓则说，我们本就如此。

道德经微阅读

【画蛇添足】

领导们，请对号入座吧！

国到难时方知忠

大道废，有仁义；智慧出，有大伪；六亲不和，有孝慈；国家昏乱，有忠臣。

正篇

【鹦鹉学舌】

　　公理难行了，方显仁人义士；有真知灼见了，方辨大伪大奸；六亲不和了，方知谁是真正孝慈；国家动荡了，方知谁是忠臣。

【画蛇添足】

　　"智慧出，有大伪"，一般都解释为智慧或智谋出现了，才产生狡诈之类的意思。笔者感觉，这样理解，与全文之意不协调，所以笔者将其理解为，有真知灼见，方辨大伪。大伪似真，大奸似忠，只有真正智慧之人，方可辨大伪大奸。也许是笔者无知者无畏吧。

老子太天真了

　　绝圣弃智，民利百倍；绝仁弃义，民复孝慈；绝巧弃利，盗贼无有。此三者，以为文不足，故令有所属。见素抱朴，少私寡欲，绝学无忧。

正
篇

绝弃聪明智慧，民则获利众多；绝弃仁义道德，民则复归孝慈；绝弃机巧货利，盗贼则不生。圣智、仁义、巧利这三者，对治国安民来说全是些表面的东西，有着致命的缺陷，所以要使民之所求重新归属。那么要使民之所求归属到哪儿呢？归属到追求素朴纯真、少私寡欲、绝弃民知的状态。如此这般，方可国泰民安无忧无患。

道德经微阅读

【画蛇添足】

在"何以不尚贤"中，笔者已经批判过老子的这一思想。不管多少先哲圣贤，结合当时的历史背景，努力去为老子辩护，老子的寡圣寡知、寡仁寡义、寡巧寡利、寡功寡名、寡学寡求、寡心寡欲的寡民愚民思想，对中国的社会发展、科技进步都起到了负面影响；再说老子的这些逆人性之思，从根本上来说，也是永远不可能实现的。我们尊重老子，但老子也未必太天真了吧。

老子还是说了实话

唯之与阿，相去几何？善之与恶，相去若何？人之所畏，不可不畏。荒兮，其未央哉。众人熙熙，如享太牢，如春登台。我独泊兮，其未兆，如婴儿之未孩；儽儽（lěi）兮，若无所归。众人皆有余，而我独若遗。我愚人之心也哉！沌沌兮！俗人昭昭，我独昏昏；俗人察察，我独闷闷。澹兮，其若海，飂（liù）兮，若无止。众人皆有以，而我独顽似鄙。我独异于人，而贵食母。

饿了我想吃草，困了我想睡觉，你说我这是醒还是迷？

众人皆醒我独迷啊！

【鹦鹉学舌】

　　唯唯诺诺与吆三喝四，相去多远？善与恶，相去多远？人之所畏，其不可不畏。其中道理，远古是如此，未来也是如此。众人熙熙，如参加盛宴，如春天登高观景。我独淡泊，无动于衷，如婴儿未萌。懒懒散散啊，无所追求。众人皆富，而我独穷。我人愚心昧啊！我混沌无知啊！众人光光亮亮，我独昏昏沉沉；众人明明察察，我独懵懵懂懂。淡泊如海，我像在海上漂啊，不知何处是岸。众人皆有所求，唯独我顽劣鄙俗。唯独我与众不同，关键在于我悟透了世"道"。

道德经微阅读

【画蛇添足】

　　满篇都是众人皆醒我独迷，但最终老子还是说了实话：众人皆迷我独醒。

何谓道，其实也可说可道

孔德之容，惟道是从。道之为物，惟恍惟惚。惚兮恍兮，其中有象；恍兮惚兮，其中有物。窈兮冥兮，其中有精；其精甚真，其中有信。自古及今，其名不去，以阅众甫。吾何以知众甫之状哉？以此。

　　大德之形，由道所定。道之为形，恍恍惚惚。它恍啊惚啊的，其中却有物象；它深远啊幽邃啊，其中却有精髓；其精髓甚是实在，其实在可以验证。自古至今，其名永在，据此以察万物之变。怎样知道万物之变呢？据"道"而已。

【画蛇添足】

道德经微阅读

　　正篇第一篇，说的是何谓道，难说难道，第十四篇，说的也是何谓道，真是难说难道！不过，在此篇中，老子又在竭力告诉我们，何谓道，其实也可说可道。

谁能与老子争

　　曲则全，枉则直，洼则盈，敝则新，少则得，多则惑。是以圣人抱一为天下式。不自见，故明；不自是，故彰；不自伐，故有功；不自矜，故长。夫唯不争，故天下莫能与之争。古之所谓"曲则全"者，岂虚言哉。诚全而归之。

委曲则得以保全，枉屈则得以伸直，低洼则得以水盈，凋敝则得以更新，少取则得，贪多则惑。所以圣人掌握了这一九九归一的法则便可治理天下。不固执己见，所以明辨是非；不自以为是，所以功彰名显；不自吹自擂，所以功成名就；不自高自大，所以得以长久。正因不争，所以天下没有谁能与其争。古之所谓"曲则全"的道理，岂是空话？只要全心全意去追求，就能达此界。

道德经 微 阅 读

【 画蛇添足 】

孔子不止一次说过，他讲过的一些至理名言，他自己并没有做到；而老子用一生兑现了自己之言。看周之式微，天下纷争，老子辞去图书馆馆长之职，抛却高官厚禄，仰天长叹："夫唯不争，故天下莫能与之争"。然后，他又对他的青牛说，咱们走吧。将"不争"二字做到了这种地步，然而，古往今来，谁能与老子争？

人不遵道，道何以助你

希言自然。故飘风不终朝，骤雨不终日。孰为此者？天地。天地尚不能久，而况于人乎？故从事于道者，同于道；德者，同于德；失者，同于失。故同于道者，道亦得之；同于德者，德亦得之；同于失者，道亦失之。信不足焉，有不信焉。

话还是少说一点好！

你看我老牛就是只做不说！

【鹦鹉学舌】

少说是合乎规律的。狂风刮不了一早，暴雨下不了一天。谁使其如此呢？天地。天地尚不能使狂风暴雨长久，何况人呢？所以，做事遵从于道者，才合于道；做事遵从于德者，才合于德；做事不遵道不从德的人，也会失道失德。故合于道者，道也助之；合于德者，德也助之；道德同失者，也就同失道德之助。诚信不足，自然没人信你。

道德经微阅读

【画蛇添足】

得道多助，失道寡助。孟子之"道"与老子之"道"，虽难说是同"道"，但大可不必计较这么多。遵道道助，守德德助。人不遵道，道何以助你？人不守德，德何以助你？

还是脚踏实地好

企者不立，跨者不行。自见者不明，自是者不彰，自伐者无功，自矜者不长。其在道也，曰余食赘形。物或恶之，故有道者不处。

人家走的是
芭蕾舞步！

不脚踏实地好好走路，
成何体统！

　　踮起脚尖难以站立，迈开大步难以远行；固执己见者难以明智，自以为是者难以昭显，自我夸耀者难以建功，自高自大者难博众长。从道的角度看，这些东西就似馊饭赘瘤。馊饭赘瘤这些东西固然人人厌恶，所以有道者耻于此类行为。

【 画蛇添足 】

　　现实生活中，有多少人总是在踮脚而立，甚至是踮脚而行啊！踮脚而立，难以持久；踮脚而行，难以长远，人还是脚踏实地好。

道德经 微 阅 读

道，真有吗

　　有物混成，先天地生。寂兮寥兮，独立而不改，周行而不殆，可以为天地母。吾不知其名，强字之曰道，强为之名曰大。大曰逝，逝曰远，远曰反。故道大，天大，地大，人亦大。域中有四大，而人居其一焉。

　　人法地，地法天，天法道，道法自然。

道大，天大，地大，人亦大！

牛大不大？

　　有一物混然而成，先天地而生。其寂寂无声辽阔无形，独立长存周行不息，可以视为天地万物之母。我不知其名，勉强表述为"道"，还可勉强给它起个名字叫作"大"。它大而无边周而复始，周而复始辽远无边，辽远无边周而复始。故道大，天大，地大，人也大。宇中有四大，而人居其一。人法地，地法天，天法道，道法自然。

道德经微阅读

　　道，真的有吗？如果有的话，在哪儿？道，真的没有吗？如果没有的话，为什么又感觉其无处不在。

轻身何以为公

　　重为轻根，静为躁君。是以圣人终日行，不离辎重。虽有荣观，燕处超然。奈何万乘之主，而以身轻天下。轻则失根，躁则失君。

正
篇

【鹦鹉学舌】

稳重是轻率之根，静定是躁狂之主。因此君子终日之行，不忘重静为本。虽身处名胜景观，却能超然物外。奈何大国之主，却身轻（身无重静）天下。轻则失之根本，躁则失之君位。

【画蛇添足】

春花秋月何时了？往事知多少。小楼昨夜又东风，故国不堪回首月明中。雕栏玉砌应犹在，只是朱颜改。问君能有几多愁？恰似一江春水向东流。

南唐后主李煜，沉迷于风花雪月、写诗填词，忘记国之重任，身轻天下，最终做了宋朝俘虏，徒留他的"春花秋月"。当然与李煜有得一拼的就是那个叫宋徽宗的北宋皇帝，痴于书画，迷上了名妓李师师；当金人兵临城下时，他又推卸责任，将皇位硬塞给儿子，最终爷俩被金兵一同掳走。

轻身何以治国？轻身何以为公？轻身何以为家？轻身何以为父？

五善皆大智

善行无辙迹，善言无瑕谪，善数不用筹策，善闭无关楗而不可开，善结无绳约而不可解。是以圣人常善救人，故无弃人；常善救物，故无弃物。是谓袭明。故善人者，不善人之师；不善人者，善人之资。不贵其师，不爱其资，虽智大迷。是谓要妙。

至理名言。

善行者无辙迹。

还是像我老牛
一步一个脚印的好！

善行者无轨迹，善言者无瑕疵，善数者不用筹策，善闭者无闩而门不可开，善结者无绳扣而不可解。圣人善于救人，故无人被遗弃；圣人善于物尽其用，故世上无废物。圣人之所以能如此，这都是因为他们遵理明道。所以善者是不善者之师，不善者是善者之鉴。不尊师，不爱鉴，看似明智实则糊涂。这就是奥妙所在。

【画蛇添足】

善行、善言、善数、善闭、善结，五善皆大智。

道德经 微 阅 读

低而不倒

知其雄，守其雌，为天下溪。为天下溪，常德不离，复归于婴儿。知其白，守其黑，为天下式。为天下式，常德不忒，复归于无极。知其荣，守其辱，为天下谷。为天下谷，常德乃足，复归于朴。朴散则为器，圣人用之，则为官长，故大制不割。

做人要低调，
放低自己……

是不是说，我也要
夹着尾巴做牛？

【鹦鹉学舌】

深知雄壮，却安守雌柔，甘做天下溪涧。甘做天下溪涧，德便常驻不离，人便复归婴儿之纯。深知居光之下的显耀，却居黑暗处不为人之所知，甘做天下范式。甘做天下范式，德便始终如一，人便复归无极之道。深知居高处之荣，却安守卑下之地，甘做天下之谷。甘做天下之谷，德便常留盈足，复归原始纯朴。原朴之物广制成器，圣人善用之，其因此成为领导者。综上所述，好的领导者，应德才学养兼备，不可分割。

道德经微阅读

【画蛇添足】

大雄若雌，大刚若柔，大高若低，大巧若拙，大富若贫，大智若愚……老子一再要人们放低自己，放低自己再放低自己，不但要放低自己，甚至还要人们"知白守黑"，远离聚光灯，隐于暗处……甘于"低"——低乃大德，低而不倒。

尊重自然不违物理

将欲取天下而为之，吾见其不得已。天下神器，不可为也。为者败之，执者失之。故物或行或随，或嘘或吹，或强或羸（léi），或挫或隳（huī）。是以圣人去甚，去奢，去泰。

正篇

【鹦鹉学舌】

　　欲治天下，却强力推行其主张，以吾之见是难达其目的的。万物皆天生，不可改变。违背自然规律而强行改变者必败，愈想夺取者愈会失去。天下万物有的行前有的随后，有的轻呼有的急叫，有的强壮有的疲弱，有的挫败有的失落。因此，圣人治理天下要去极端之思，去奢侈之费，去过度之法。

【画蛇添足】

　　尊重自然，顺其天性；不违物理，顺势而为。

居强似卑

以道佐人主者，不以兵强天下。其事好还。师之所处，荆棘生焉。大军之后，必有凶年。善有果而已，不敢以取强。果而勿矜，果而勿伐，果而勿骄，果而不得已，果而勿强。物壮则老，是谓不道，不道早已。

依"道"辅佐君主者，不以武力强取天下。强取天下者必遭报应。驻军之处，田地必定荆棘丛生；大战之后，必有凶年饥荒。善用兵者适可而止，并不以兵强而横行天下。胜而不矜，胜而不夸，胜而不骄，战胜是不得已而为之，所以胜也不要逞强。盛极而衰，是因为不合"道"理，不合"道"理就会早衰。

道德经微阅读

【 画蛇添足 】

经过四年互相残杀，美国南北战争结束，南败北胜。前来受降的北军司令格兰特将军身穿破旧军装，发乱胡蓬，一副疲惫不堪的样子。而前来投降的李将军，戎装笔挺，靴明剑亮，须发一丝不苟。胜者格兰特将军，不好意思开口，还是败者李将军说，咱们谈谈吧。李将军为他的败军要吃要喝，要返家路费，要不再追罪的证明，格兰特将军全部答应了。格兰特不但答应了，还主动加上一条，南军士兵还可以把随身武器带走。格兰特先行军礼，目送李将军骑马而去。自此美国南北和解。格兰特倒像是老子的门徒。

老子的军事哲学

夫兵者，不祥之器，物或恶之，故有道者不处。君子居则贵左，用兵则贵右。兵者不祥之器，非君子之器，不得已而用之，恬淡为上。胜而不美，而美之者，是乐杀人。夫乐杀人者，则不可得志于天下矣。吉事尚左，凶事尚右；偏将军居左，上将军居右。言以丧礼处之。杀人之众，以悲哀泣之；战胜，以丧礼处之。

【鹦鹉学舌】

兵器，乃不祥之器，人皆厌恶，故有道者不持。君子之居以左为上，用兵以右为上。兵器这个不祥之器，非君子之器，迫不得已而用之，少用为上。胜之不自美，而自美者，就是乐杀人者。乐杀人者，不可能得志于天下。吉事左为上，凶事右为上；偏将军居左，上将军居右。说来说去，就是要以处丧的态度来用兵。战之死亡众多，要身感哀痛；即便打了胜仗，也要虽胜犹丧。

道德经 微 阅 读

【画蛇添足】

古人以左为阳以右为阴，阳生阴杀。真应该把各国的总统和总司令集合起来，请老子给他们讲讲课，然后给他们排排左右。老子的军事哲学，至高无上。

顺道则昌

道常无名，朴虽小，天下莫能臣也。侯王若能守之，万物将自宾。天地相合，以降甘露，民莫之令而自均。始制有名，名亦既有，夫亦将知止，知止可以不殆。譬道之在天下，犹川谷之于江海。

道虽永恒却无名质朴，道虽微不可见，天下却没谁能使其臣服。侯王如能遵"道"之理，万物将自然归顺。天地阴阳相合自降甘露，民不必指令而自然分布。治理天下首先要有制度名分条法，名分条法既有，就要有所制约，有所制约则天下不危。如"道"存天下，如川谷之水流入江河，如江河之水汇入大海，皆自然所归。

道德经 微 阅 读

【画蛇添足】

老子又说道：那到底何谓道？我们姑且把其理解为自然规律。自然规律无形无状，空不可见，天下不但没谁能使自然规律臣服，反而万事万物都必须遵守自然规律，否则都将遭其惩罚。按四时耕作是顺乎自然规律，顺乎民心也是自然规律。

老子的专利

知人者智，自知者明。胜人者有力，自胜者强；知足者富，强行者有志。不失其所者久。死而不亡者寿。

正篇

【鹦鹉学舌】

　　知人者有智，自智者高明。能战胜他人者有力，能战胜自己者才是真强。知足者富有，奋发图强者有志。不背离道者长久，永垂不朽者长寿。

【画蛇添足】

　　讲了几十年"人贵有自知之明"，原来，其专利权在老子那儿。不过，自古以来，知人者少，自知者更是少之又少。

自大者小

大道泛兮，其可左右。万物恃之以生而不辞，功成而不名有。衣养万物而不为主，可名于小；万物归焉而不为主，可名为大。是以圣人之能成大也，以其不为大也，故能成其大。

正
篇

【 鹦鹉学舌 】

　　大道广泛无边，可以左右天地万物。万物赖之而生，而它从不拒绝；万物生成，而它也不据为己有。它滋养万物而不成其主宰，功名可谓其小；万物归顺而它不成其主宰，功名又可谓其大。圣人之所以能成其伟大，以其不自以为大，所以才最终成就了伟大。

【 画蛇添足 】

　　自大者小，自小者大。

道德经微阅读

圣人所见略同

执大象，天下往。往而不害，安平泰。乐与饵，过客止。道之出口，淡乎其无味，视之不足见，听之不足闻，用之不足既。

【鹦鹉学舌】

谁遵守大道，天下之人便归往。归往而无不害，天下太平。美乐佳肴，过客止步。道淡而无味，既看不见，又听不见，然而道之用却无处不在，无处不有，无穷无尽。

【画蛇添足】

孔子在《论语》中曾多次讲到，修德，以使天下人来归，还说"既来之，则安之"。老子则说，谁遵守大道，天下之人便归往。归往而无不害，天下太平。

道德经微阅读

老子指导的大人物

将欲歙（xī）之，必固张之；将欲弱之，必固强之；将欲废之，必固兴之；将欲取之，必固与之。是谓微明。柔弱胜刚强。鱼不可脱于渊，国之利器不可以示人。

【鹦鹉学舌】

欲使其合，必先使其张；欲使其弱，必先使其强；欲使其废，必先使其兴；欲使取之，必先予之。这是微妙又不明显的道理。这就是以柔克刚。鱼不可离水，国之重器不可示人。

【画蛇添足】

胡适说，老子是中国哲学的鼻祖，是中国哲学史上第一位真正的哲学家；鲁迅说，不读《老子》，不知中国文化。毛泽东不仅将《老子》视为兵法书，老子以及老子弟子的以弱胜强、以柔克刚、以静制动、以退为进及后发制人等哲学思想，可以说是为毛泽东军事思想的形成奠定了哲学基础。

道德经微阅读

老子太固执了

道常无为，而无不为。侯王若能守之，万物将自化。化而欲作，吾将镇之以无名之朴。无名之朴，夫亦将不欲。不欲以静，天下将自定。

　　道永远看似无所作为，却又无所不为。王侯如能遵其理而治天下，万物皆自生自长潜移默化。化而无效，私欲发作，就要用道之始朴无为来治理。用道之始朴无为来治理，民又将复归于无欲无求。民无欲无求必静而无争，静而无争天下将自行安定。

【画蛇添足】

道德经 微阅读

　　规律无形，却无处不在，这是对的；遵道而治，民将自化，也对；私欲过度，以道法来约束，还是对的。以道法约束，要民之无欲无求，进而静而无争，以达天下安定，这就有问题了。在前面，笔者曾说老子太天真了；在此，笔者要说，老子太固执了。

　　《老子》上篇就结束了，或者说《道经》到此就讲完了，接下来就是《老子》的下篇《德经》了。至此，尹关长的作业，已完成一半，老子的青牛"哞"了一声，老子突然想起，他的老伙计，该加草料了，他本人也该伸个懒腰了。

刻意而为则伪者生

上德不德，是以有德；下德不失德，是以无德。上德无为而无以为。上仁为之而无以为，上义为之而有以为。上礼为之而莫之应，则攘臂而扔之。故失道而后德，失德而后仁，失仁而后义，失义而后礼。夫礼者，忠信之薄，而乱之首。前识者，道之华，而愚之始。是以大丈夫处其厚，不居其薄；处其实，不居其华。故去彼取此。

正
篇

上德不德，是以有德……
刻意而为则伪者生！

做人太难了，还是做牛好！

　　上德者不刻意为德，所以才是真有其德；下德者刻意为德，所以无德。上德者无心插柳、无意为德（下德者有心栽花、有意为德）。上仁者为仁，不刻意为之；上义者为义，刻意为之。统治者制定的上好的礼法民众并不响应，统治者仍然要振臂而呼强制推行。所以失去了道才推行德，失去了德才推行仁，失去了仁才推行义，失去了义才推行礼。礼制出，说明忠信之衰；忠信之衰，乃祸乱之首。那些所谓的有先见之明者，只不过徒有道之华表，实则是愚昧的开端。所以大丈夫应立于忠厚，远离薄浅；立于诚实，远离虚华。所以这就是去彼取此、去伪存真。

道德经微阅读

【 画蛇添足 】

　　在《老子》开篇也就是《道经》的开篇，老子仰首宇之浩瀚，吟出：道可道，非常道……在《老子》下篇，也就是《德经》的开篇，老子俯视地之无边，诵出：上德不德，是以有德……刻意而为则伪者生……过于倡之，而伪者丛生……

低调是一种大智慧

昔之得一（道）者——天得一以清，地得一以宁，神得一以灵，谷得一以盈，侯王得一以为天下正。其致之也，谓天无以清，将恐裂；地无以宁，将恐废；神无以灵，将恐歇；谷无以盈，将恐竭；万物无以生，将恐灭；侯王无以贞，将恐蹶。故贵以贱为本，高以下为基。是以侯王自称孤、寡、不穀（gǔ）。此非以贱为本邪？非乎？故至誉无誉。是故不欲琭琭如玉，珞珞如石。

【鹦鹉学舌】

古之得道者——天得道则明，地得道则宁，神得道则灵，谷得道则盈，王得道则治。推而言之，天不明，恐将崩裂；地不宁，恐将废弃；神不灵，恐将灭绝；谷不盈，恐将涸竭；万物不生，恐将灭亡；王不善政，国恐将倾覆。所以贵以贱为本，高以下为基。因此，王自称"孤""寡""不德"，这不就是以贱为本吗？难道不是吗？所以大誉似无誉。不求如玉之晶，但愿如珞珞硬石。

道德经 微 阅 读

【画蛇添足】

老子似乎是在说，越把自己看得低贱的人越高贵，越把自己看得低下的人越高大。老子似乎还在说，架子端得越高，摔得越狠。老子讲过不止一次了，低调是一种大智慧。

说不完的辩证法

反者道之动，弱者道之用。天下万物生于有，有生于无。

天下万物生于有，有生于无……

可是后人却把"无中生有"整成了贬义词！

你们这些人啊！

【 鹦鹉学舌 】

　　道之动者复返本源，道之用者微妙柔顺。天下万物生于有形，有形生于无象。

【 画蛇添足 】

　　有与无，对立统一，老子实在是一位辩证法大师。《老子》九九八十一篇，说不完的辩证法，讲不尽的对立统一。

道德经微阅读

下士闻道，哈哈大笑

上士闻道，勤而行之；中士闻道，若存若亡；下士闻道，大笑之。不笑，不足以为道。故建言有之：明道若昧，进道若退，夷道若颣（lèi）；上德若谷，广德若不足，建德若偷，质真若渝；大白若辱，大方无隅，大器晚成，大音希声，大象无形。道隐无名。夫唯道，善始且善成。

正篇

【鹦鹉学舌】

悟性高的人闻道，勤奋践行；悟性一般的人闻道，将信将疑；悟性差的人闻道，哈哈大笑。不被嘲笑，不足为道。所以有立言者说：光明的"道"应若暗，前进的"道"应若退，平坦的"道"应若崎；上德若虚，广德若缺，勤德若惰，纯真若浊；大白若污，大方无棱，大器晚成，大音希声，大象无形。道隐无形。只有"道"，才能善生万物、善成万事。

道德经微阅读

【画蛇添足】

孔子说过，"君子有三畏：畏天命，畏大人，畏圣人之言。小人不知天命而不畏也，狎大人，侮圣人之言"。何谓"狎"，在此文中，便是下士，也就是悟性差的人闻道，哈哈大笑。

强横之人不得善终

　　道生一，一生二，二生三，三生万物。万物负阴而抱阳，冲气以为和。人之所恶，唯孤、寡、不榖（君王谦称），而王公以为称。故物或损之而益，或益之而损。人之所教，我亦教之。强梁者不得其死，吾将以为教父。

【鹦鹉学舌】

　　道生一，一生二，二生三，三生万物。万物皆背阴而向阳，阴阳二气冲而为和。人们所厌恶的"孤、寡、不穀"，却恰恰是王侯的自称。所以世间万事万物损之反而有益，益之反而有损。古人所教之理，我也这样教人。强横之人不得善终，这是我教诲人的根本。

【画蛇添足】

道德经微阅读

　　一个叫南宫适的学生问孔子：后羿善于射箭，奡善于水战，两人都不得善终。大禹、后稷亲自耕种庄稼却得到了天下。听了南宫适的话，孔子并没有回答。待南宫适出去以后，孔子对身边的学生说："君子就是这样的人呀！崇尚道德者就是这样的人呀！"后来孔子把亲侄女许配给了南宫适。孔子为什么要以侄女相许呢？孔子说：南宫适这个人，国家政治清明，他能有所作为；国家政治黑暗，他能免于杀身之祸。

柔行天下

天下之至柔，驰骋天下之至坚，无有入无间，吾是以知无为之有益。不言之教，无为之益，天下希及之。

柔是无形的力量，
无坚不摧！

我够柔吧？

我看你还不如
投机钻营者柔！

【 鹦鹉学舌 】

天下至柔之物，穿行于天下至坚之物中，无形的力量可入无间隙之物，我因此认识到了顺其自然无为而为的益处。不言之教，无为之益，只可惜，普天之下能做到的人太少了。

【 画蛇添足 】

水是柔的，风是柔的，气是柔的；神是柔的，佛是柔的，教是柔的；老子是柔的，孔子是柔的，诸子是柔的；文化是柔的，思想是柔的，精神是柔的；道是柔的，德是柔的，仁是柔的……柔行天下，无坚不摧。

道德经 微 阅 读

知足者常乐，理出于此

名与身孰亲？身与货孰多？得与亡孰病？甚爱必大费，厚藏必多亡。故知足不辱，知止不殆，可以长久。

【鹦鹉学舌】

名誉与生命哪个更宝贵？生命与财富哪个更重要？得到名声钱财与失去生命相比，与失哪个更有害？过分地追名必定要付出惨重的代价，过度地逐利必定要遭受惨重的损失。所以说，知足者不受其辱，知止者不受其危，因为知足知止者，可以长生久存。

【画蛇添足】

知足者常乐，理出此篇。当然，《老子》第四十六篇，也情同此理。此理谁不知，能躬行者甚少。齐宣王时，有一个叫颜斶的大臣就做到了。颜斶的辞官信中有这样一段话，意思是当他回到故乡，"晚食以当肉，安步以当车，无罪以当贵，清静贞正以自虞"。晚一点用餐，吃糠咽菜也如同吃肉；缓步慢行，就像坐车一样享受；无罪无过，足以自贵；清清静静，足以自乐。

道德经微阅读

老子一语，成万语之母

大成若缺，其用不弊。大盈若冲，其用不穷。大直若屈，大巧若拙，大辩若讷。静胜躁，寒胜热。清静为天下正。

【 鹦鹉学舌 】

大成似缺，其用无竭。大盈似虚，其用无穷。大直似屈，大巧似拙，大辩似讷。以静制躁，以寒制热。因此，应以清静无为而匡正天下。

【 画蛇添足 】

"大勇若怯，大智若愚"，苏轼之言，肯定参考了老子之意。当然，大忠似奸，大奸似忠，大真似伪，大伪似真，诸如此类，恐怕也都出于此。老子一语，成万语之母。《老子》不过五千言，却成了中华语言体系及文化体系的重要源泉；当然，《论语》不过万言，同样如此。《老子》就像长江，《论语》就像黄河，而《易经》就像青藏高原，长江黄河皆源于此。

道德经 微 阅 读

欲望无边，知足是岸

天下有道，却走马以粪。天下无道，戎马生于郊。祸莫大于不知足，咎莫大于欲得。故知足之足，常足矣。

正
篇

【鹦鹉学舌】

治国有道，天下太平，马耕于田。治国无道，母马戍疆，驹生荒郊。最大的祸患是不知足，最大的罪过是贪得无厌。所以知足之足者，常足。

【画蛇添足】

贪得无厌，欲望无边，知足是岸。

行之有限，思之无限

不出户，知天下；不窥牖（yǒu），见天道。其出弥远，其知弥少。是以圣人不行而知，不见而明，不为而成。

足不出户，知天下之事；不探窗外，明天地之道。其出越远，其知越少。所以，圣人不行而知，不见而明，不为而成。

【画蛇添足】

道德经 微 阅 读

有人批判老子，说他轻视实践，轻视调查研究，实则大可不必，老子只不过是在强调思考的力量，强调见微知著、举一反三、推理分析罢了。诸葛亮《诫子书》中说，非淡泊无以明志，非宁静无以致远。如果将其稍加变通，这样来读，更容易理解老子的苦心：非宁静无以成思，非静思无以致远。至于笔者把"不为而成"结合上下文意译成"不劳而成"，是为了让读者更容易理解，并强调设计构思比具体制造更重要罢了。行之有限，思之无限。这就是笔者读本篇的感悟。就此打住，说多了，笔者怕是也要挨骂。

无事胜有事

为学日益，为道日损。损之又损，以至于无为。无为而无不为。取天下常以无事，及其有事，不足以取天下。

此时无事胜有事……

平安无事啦！

咣
咣
咣

【 鹦鹉学舌 】

求学日日精进，求道日日精简。简而又简，简至无为。无为而无不为。治理天下应保持无事，如果有事，就不足以取天下。

【 画蛇添足 】

老子真有耐性，也真是行文高手，前面反反复复说来说去，只强调无为无为，至此，才终于说出无为而无不为。如何理解老子的"无事"？顺其自然是无事，顺乎民心是无事，不生事端、不动干戈是无事，不滋事扰民、不翻来覆去、不胡乱折腾是无事。无为即无事，无事即无为而为。无为胜有为，无事胜有事。如果把无为理解成无所作为，是官员的就该撤职；如果把有为搞成胡作非为，是官员的就该查办。

道德经微阅读

老子确实不是政治家

圣人常无心，以百姓心为心。善者，吾善之；不善者，吾亦善之，德善也。信者，吾信之；不信者，吾亦信之，德信也。圣人之在天下也，歙歙（xī）焉，为天下浑其心，百姓皆注其耳目焉，圣人皆孩之。

圣人永无私心，以百姓之心为心。善者，我善待之；不善者，我也善待之，于是民之德便向善了。守信者，我诚信待之；不守信者，我也诚信待之，于是民之德便归于诚信了。圣人治天下，收其私心敛其私欲，使天下心归纯朴，使百姓皆心无旁骛专注其视听，圣人也使其像婴儿一样纯真。

【画蛇添足】

有人问孔子，以德报怨，如何？问这话的人本来认为会得到孔子的表扬，没想到孔子反问他，如果以德报怨，那何以报德？所以应该适当报怨，但要以德报德。就此看来，孔子是不大同意老子以善报恶的观点的。老子的境界确实高于孔子，不过，让孔子真正去治国，应该能行；要让老子真正去治国，三天就乱了，因为老子确实太天真了。老子是一个伟大的哲学家和思想家，但他确实不是政治家。

道德经微阅读

原来如此

出生入死。生之徒，十有三；死之徒，十有三；人之生，动之于死地，亦十有三。夫何故？以其生生之厚也。盖闻善摄生者，路行不遇兕（sì，犀牛）虎，入军不被（披）甲兵。兕无所投其角，虎无所用其爪，兵无所容其刃。夫何故？以其无死地。

前面有一水潭，一起游个泳吧？

有危险的地方，我从来不会去！

【鹦鹉学舌】

出世为生，入土为死。善始善终的十有其三，少亡夭折的十有其三，因不安分守己而死的也十有其三。为何如此呢？这都是因为太想长生了。听说善于养生者，路行不避犀牛老虎，作战不披甲胄，不执兵器。犀牛无法用其角，老虎无法用其爪，兵器（或刀兵）无法用其刃，这是为何呢？因为这样的人根本就不去危险的地方，不做危险的事情。

道德经 微 阅 读

【画蛇添足】

路行不怕猛兽，作战不披甲胄，不执兵器，还认为老子有什么特异功能呢，原来只是不入凶地，不入险境罢了。看起来，老子玩了个脑筋急转弯，实际上老子还是在讲他的无为而治。

天地无私，方可成其大

　　道生之，德畜（xù）之；物形之，势成之。是以万物莫不尊道而贵德。道之尊，德之贵，夫莫之命而常自然。故道生之，德畜之；长之育之，成之熟之，养之覆之。生而不有，为而不恃，长而不宰，是谓玄德。

【 鹦鹉学舌 】

道生万物，德育万物；万物各有其形，万物皆顺势成长。所以万物莫不尊道而崇德。道受万物之尊，德受万物之崇，非听命于谁，乃顺乎自然。所以，道生万物，德养万物；并使其生长发育，使其成熟结果，使其得到保护。生之，而不据为己有；养之，而不自恃其功；成之，而不为其主宰。唯其如此，才可谓是深德大恩。

【 画蛇添足 】

生而不有，为而不恃……老子为什么唠唠叨叨，前前后后说个没完没了？天地无私，方可成其大；大公无私，方可成其伟！

何以解烦

天下有始，以为天下母。既得其母，以知其子；既知其子，复守其母，没身不殆。塞其兑（意为口），闭其门，终身不勤。开其兑，济其事，终身不救。见小曰明，守柔曰强。用其光，复归其明，无遗身殃，是为袭常。

【鹦鹉学舌】

天下万物皆有起始，这个起始就是天下万物之母。既已知其母，就能知其子；既已知其子，又能反知其母，从而终身无危。塞欲念之口，闭欲念之门，终身无劳烦之事。开欲念之口，添纷扰之事，终身烦恼不可救药。见微知著叫作明，守柔安弱叫作强。用智慧之光，复归内在之明，不留灾殃于身，这就要遵守永恒的自然规律。

【画蛇添足】

在前文中，笔者曾作《欲望无边，知足是岸》，在此，笔者还要借曹操的《短歌行》再说两句："慨当以慷，忧思难忘。何以解忧？唯有杜康。何以解烦，少点欲念。"

惹得老子也骂人

使我介然有知，行于大道，唯施是畏。大道甚夷，而人好径。朝甚除，田甚芜，仓甚虚，服文彩，带利剑，厌饮食，财货有余，是为盗夸。非道也哉。

正
篇

从来不曾爆过粗口，
今天骂一声，好痛快！

骂得好！

稍有见识之人就会明白，行于大道，怕的是走向邪路。大道甚为平坦，但偏有为人君者走邪径。朝政甚为腐败，田地甚为荒芜，民仓甚为空虚，而作为君主却穿着华美，佩带锋利宝剑，饱饮餍食，财多货余，这简直就是强盗。这就是无道啊！

【画蛇添足】

道德经微阅读

面对民生凋敝、朝政腐败的残酷现实，气得老子一时间忘了他的"高谈阔论"，直接指着当朝者的鼻子骂人了——强盗！

两大圣哲共一说

善建者不拔，善抱者不脱，子孙以祭祀不辍。修之于身，其德乃真；修之于家，其德乃余；修之于乡，其德乃长；修之于邦，其德乃丰；修之于天下，其德乃普。故以身观身，以家观家，以乡观乡，以邦观邦，以天下观天下。吾何以知天下然哉？以此。

【鹦鹉学舌】

善建树者，坚韧不拔；善守德者，坚定不移，——子子孙孙会纪念先祖的这些品行。以此修身者，其德就是真实的；以此修家者，其德就是有余的；以此影响乡邻者，其德就是长久的；以此影响邦国者，其德就是丰富的；以此影响天下者，其德就是普遍的。所以，将身比身就能知其身之德，将家比家就能知其家之德，将乡比乡就能知其乡之德，将邦比邦就能知其邦之德，将天下比天下就能知天下之德。我何以知天下？就是基于此。

道德经微阅读

【画蛇添足】

曾子的修身、齐家、治国、平天下，似有参考老子修身、修家、修乡、修邦、修天下之嫌。

老子的"将身比身"，说的是推己及人，孔子的"己所不欲"，说的也是推己及人，中国古典文化两大圣哲，其观天治世之道如出一辙，这真是两大圣哲共一说。

能活300岁的是什么

含德之厚，比于赤子。蜂虿（chài）虺（huǐ）蛇不螫，猛兽不据，攫鸟不搏。骨弱筋柔而握固。未知牝牡之合而朘作，精之至也。终日号而不嗄（shà，沙哑），和之至也。知和曰常，知常曰明。益生曰祥，心使气曰强。物壮则老，谓之不道，不道早已。

老寿星高寿？

照此说，龟乃养生专家了！

你猜！他比我小一百岁。

【鹦鹉学舌】

道深德厚者，如初生之婴。毒虫不螫，猛兽不伤，凶鸟不击。骨弱筋柔而手却能牢握。其虽还未知男女交合之事，但其生殖器却勃然举起，这是因其精气充沛的缘故；终日哭号嗓子却不会沙哑，这是因其心和气充的缘故。了解了"和"才知什么是"常理"，了解了"常理"才知什么是"明智"。反之，纵欲贪生会不祥，意气用事会逞强。过盛则败，过强则衰，道理很简单，因为这都是有违长生之道的，有违长生之道当然要早亡。

道德经微阅读

【画蛇添足】

看看世间那些长寿之人大都是一些什么人，大都是平和之人，甚至是与世无争之人。能活300岁的是什么？是龟，是缩头乌龟……

智者不言

知者不言，言者不知。塞其兑，闭其门；挫其锐，解其纷；和其光，同其尘，是谓玄同。故不可得而亲，不可得而疏；不可得而利，不可得而害；不可得而贵，不可得而贱。故为天下贵。

那个笑而不语的人，才是智者！

唵——

　　真正的智者寡言少语，高谈阔论者不是真正的智者。塞欲念之口，闭欲念之门；挫其锋锐，解其纷杂；敛其光芒，混同于尘埃，这才是与天下万物高度融合。因此，不与谁亲近，也不与谁疏离；不有利于谁，也不加害于谁；不重视谁，也不轻视谁。这是智者为天下万物所尊重的原因。

道德经微阅读

【画蛇添足】

　　智者不言，诸子百家中接近此境界的，大概也只有老子自己了，其留下的五千言，也是在尹关长的胁迫下不得已而为之。反正孔子是从早到晚诲人不倦的。有一个时期，孔子也不想说了。子曰："予欲无言。"子贡曰："子如不言，则小子何述焉？"子曰："天何言哉？四时行焉，百物生焉，天何言哉？"孔子说，自此之后，他不想教导人了。子贡说，老师不教导人了，这些作弟子的记述什么呢？孔子问，天说什么了吗？四时照样运行，百物照样生长，天什么也没说啊！

老子理想的治国方略

　　以正治国，以奇用兵，以无事取天下。吾何以知其然哉？天下多忌讳，而民弥叛；民多利器，国家滋昏；民多伎巧，奇物滋起；法令滋彰，盗贼多有。故圣人曰：我无为，而民自化；我好静，而民自正；我无事，而民自富；我无欲，而民自朴。

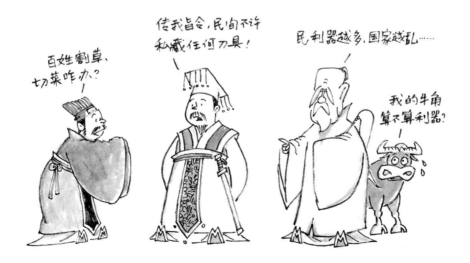

以堂堂正道治国，以奇谋异计用兵，以不扰民生事为宗旨来统治天下。我怎么知道应该如此呢？天下忌讳禁令越多，民越反叛；民利器越多，国家越乱；民技民巧越多，奇物异事越容易滋生；法令越严，盗贼越多。所以圣人说：统治者无为，而民自然育化；统治者好静，而民自我匡正；统治者无事，而民自我富足；统治者无欲，而民自然纯朴。

道德经微阅读

【画蛇添足】

老子开篇就讲以正治国，何谓正？无为、好静、无事、无欲是也。何谓"我"？统治者是也。中国历史上由大乱到大治，多用老子所倡导的这一理想的方略治国，简单地说就是休养生息。中国历史上用老子思想用得最好的就是开创"文景之治"的汉文帝刘恒。刘恒在位二十三年，他贯彻老子思想到什么程度呢？休养生息就不说了（甚至还一度免收一般农户的农业税，地主的除外），作为皇上竟然穿着草鞋，穿着带补丁的龙袍……

福中有祸，祸中有福

其政闷闷，其民淳淳；其政察察，其民缺缺。祸兮福之所倚，福兮祸之所伏。孰知其极？其无正也，正复为奇，善复为妖。人之迷，其日固久。是以圣人方而不割，廉而不刿（guì），直而不肆，光而不耀。

祸兮福之所倚，
你的福报在后人！

我这辈子
没享几天福！

照你的说法
我老牛更没享
什么福啊！

其政宽宽厚厚，其民便淳淳朴朴；其政严严苛苛，其民便狡狡诈诈。祸兮福之所倚，福兮祸之所伏。谁能分辨祸福呢？是福是祸很难定论，执正，复而为邪，执善，复而为恶。对此，人们的迷惑由来已久了。所以圣人方正而不割人，有棱而不伤人，直率而不放肆，光照而不耀眼。

道德经 微 阅 读

【 画蛇添足 】

祸兮福之所倚，福兮祸之所伏——原来你在这里。大家再看一看"福祸"二字，皆有"礻"这个偏旁，左同右不同，半同半不同；福半是祸，祸半是福；你中有我，我中有你；福中有祸，祸中有福；福祸相倚，祸福相依；福福祸祸，祸祸福福……塞翁失马，焉知非福！

何谓国之母

治人事天，莫若啬（穑）。夫唯啬，是谓早服；早服谓之重积德；重积德则无不克；无不克则莫知其极；莫知其极，可以有国；有国之母，可以长久。是谓深根固柢、长生久视之道。

【鹦鹉学舌】

治民祭天，就像耕种稼穑。勤于耕种稼穑，就要早做准备；早做准备就是注重积德；注重积德则无往不胜；无往不胜则力大难测；力大难测，当然就可以拥有邦国；拥有邦国之根本之道，则可长治久安。这才是安民治国长存久远之道。

【画蛇添足】

何谓有国之母？勤耕粮足是也。民以食为天，即便在高度智能、深度互联物联的今天，仍然是无农不稳；即便发达如美国，政府最重视的、国家补贴最高的仍然是农业。再问，何谓国之根本？农也！所以古代兴兵打仗、筑堤挖河、出夫派丁，一般也要避开农时；就是毛泽东领导农民起义，还要等到秋收之后，所以叫秋收起义。

关于第一句话的翻译，历来争议很多，笔者之所以把"啬"译为穑，就在于此。

何谓治大国若烹小鲜

治大国，若烹小鲜。以道莅天下，其鬼不神；非其鬼不神，其神不伤人；非其神不伤人，圣人亦不伤人。夫两不相伤，故德交归焉。

【鹦鹉学舌】

治大国如烹煎小鱼。道立天下，鬼怪也不敢兴妖作怪了；不是不能兴妖作怪，而是其兴妖作怪也不能伤人了；不是其兴妖作怪不能伤人了，而是圣人也不伤人了。鬼怪和圣人都不伤人了，因此就上下相交、德行相融，天下归于和谐太平了。

【画蛇添足】

何谓小鲜？小鲜即小鱼是也。何谓治大国如烹小鲜？不翻来覆去地折腾是也。何谓道莅天下，其鬼就不神了呢？以正压邪是也！何谓非其神不伤人，圣人亦不伤人？统治者不装神弄鬼哪来的鬼神，哪来的伤人？皇帝被叫作天子，看一看哪一朝哪一代不装神弄鬼？

应该写入联合国宪章

大邦者下流，天下之牝，天下之交也。牝常以静胜牡，以静为下。故大邦以下小邦，则取小邦；小邦以下大邦，则取大邦。故或下以取，或下而取。大邦不过欲兼畜人，小邦不过欲入事人。夫两者各得所欲，大者宜为下。

【鹦鹉学舌】

　　大国若居江河下游，百川所归，如天下小流之母。雌常以静胜雄，这是因其居静守下。所以，大国谦让小国，则取小国之信；小国谦让大国，则取大国之容。所以，大让小取小之信，小让大取大之容。大国不过于役使小国，小国不过分想顺从大国。两者各得其所，但要特别指出的是，大国更要谦让小国。

【画蛇添足】

　　老子的这一大让小，小让大，特别是大要让小的天下思想，应该写入联合国宪章。

授宝不如授道

道者，万物之奥，善人之宝，不善人之所保。美言可以市尊，美行可以加人。人之不善，何弃之有？故立天子，置三公，虽有拱璧以先驷马，不如坐进此道。古之所以贵此道者何？不曰：求以得，有罪以免邪。故为天下贵。

【鹦鹉学舌】

　　道是万物之本，善人之宝，不善人也用其自保。美言可以赢得尊重，美行可以使人服从。不善之人，哪能抛弃它们呢？所以立天子、置三公时，献给他们珠玉宝马，还不如献给他们治世之"道"。古人为什么崇道呢？不正是因为求仁得仁、避罪免祸吗？所以天下皆以尊道为贵。

【画蛇添足】

　　何谓老子所说"三公"？有说是司马、司徒、司空，也有说是太师、太傅、太保，说法不一，总而言之，是指三个重要官职。至于"三公九卿"之九卿，也是指九个重要官职，当然各朝各代，说法也不一样。在此，我们牵强附会一点，就是授人以宝不如授人以处世之道。简而言之，就是授宝不如授道。再牵强附会一点，就是授人以鱼不如授人以渔，授鱼不如授渔。

老子的谆谆教诲

为无为，事无事，味无味。大小多少，报怨以德。图难于其易，为大于其细。天下难事，必作于易；天下大事，必作于细。是以圣人终不为大，故能成其大。夫轻诺必寡信，多易必多难。是以圣人犹难之，故终无难矣。

【鹦鹉学舌】

无为而为，无事而事，无味而味。大起于小，多起于少，怨化于德。解难起于易，求大起于细。天下难事，从易处着手；天下大事，从细小开始。圣人自始至终不自以为大，所以才能成其大。轻易许诺必难以兑现，看着容易做起来必难。圣人总是举轻若重、举易若难，所以就没什么克服不了的困难。

【画蛇添足】

在此，老子就像是上级对下级、长辈对晚辈，絮絮叨叨、循循善诱、谆谆教诲。用孔子的话说，就是诲人不倦。

荀子劝学，老子劝政

　　其安易持，其未兆易谋。其脆易泮，其微易散。为之于未有，治之于未乱。合抱之木，生于毫末；九层之台，起于累土；千里之行，始于足下。为者败之，执者失之。是以圣人无为故无败，无执故无失。民之从事，常于几成而败之，不慎终也。慎终如始，则无败事。是以圣人欲不欲，不贵难得之货；学不学，复众人之所过。以辅万物之自然而不敢为。

【鹦鹉学舌】

　　居安之时容易掌握，未雨之时容易绸缪。脆弱之时容易消解，微弱之时容易散失。防患于未然，治之于未乱。合抱之树，生于细小；九层高台，起于筐土；千里之行，始于足下。特意为之者易败，执意为之者易失。圣人不特意为之所以无败，不执意为之所以无失。人之为事，将成时易失，因放松所致。善始善终，则无闪失。圣人不求常人所求，不求奇珍异宝；学人之所不学，补众人之过。圣人就是这样遵循万物自然法则而不敢肆意妄为。

道德经微阅读

【画蛇添足】

　　荀子《劝学》中的"故不积跬步，无以至千里……"应该源于老子的"千里之行，始于足下"。荀子是在劝学，老子则是在劝政。

没必要为老子辩护

古之善为道者，非以明民，将以愚之。民之难治，以其智多。故以智治国，国之贼；不以智治国，国之福。知此两者亦稽式。常知稽式，是谓玄德。玄德深矣、远矣，与物反矣，然后乃至大顺。

【鹦鹉学舌】

古之善为道者，非启民诈智，而是要淳民。民之难治，是因智巧伪诈之术太多。所以，开启民智来治国，是国之大害；淳朴民风以民治国，国之大福。知此，就是知道了两种治国模式的不同。常知两种治国模式之不同而有所取舍，就叫玄德。玄德深之又深、远之又远，与一般物理不同，然而这样做了之后却能使天下大顺。

【画蛇添足】

多数学者将老子的"非以明民，将以愚之"理解为使民不狡、使民纯朴之类，其实没必要为老子辩护。纵贯老子之思想，寡智淳民是一以贯之的。

老子的领导哲学

江海之所以能为百谷王者，以其善下之，故能为百谷王。是以欲上民，必以言下之；欲先民，必以身后之。是以圣人处上而民不重，处前而民不害。是以天下乐推而不厌。以其不争，故天下莫能与之争。

正
篇

【鹦鹉学舌】

　　江海之所以能为百川之王，因其善居低下之处。因此，想成为领导，就要谦虚谨慎；要领导民众，就要吃苦在前、享受在后。你要能如此，领导虽居上，而民不感重负；领导虽居前，而民不感其害。因此，天下人乐于拥戴你而不感其烦。因其不与民争，故天下莫能与之争。

道德经微阅读

【画蛇添足】

　　此篇又是老子的领导哲学。"以其不争，故天下莫能与之争"，狭义地理解，不与民争，故天下莫能与其争；广义地理解，我什么都不争，谁还能与我争？前面已经讲过老子的"不争而争"了，在此又提出来，只是从另一角度重新强调而已。

老子三宝

天下皆谓我道大，似不肖。夫唯大，故似不肖。若肖，久矣其细也夫。我有三宝，持而保之。一曰慈，二曰俭，三曰不敢为天下先。慈故能勇，俭故能广，不敢为天下先故能成器长。今舍慈且勇，舍俭且广，舍后且先，死矣。夫慈，以战则胜，以守则固。天将救之，以慈卫之。

你们先行，我不为天下先！

【鹦鹉学舌】

天下皆说我道大，大到无形无边，无可比拟。唯其道大，所以不可比拟；若可比拟，早已细小了。我有三宝，持有而珍重之。一曰慈爱，二曰节俭，三曰不敢为天下之先。慈爱所以能勇武，节俭所以能宽广，不敢为天下先所以能长久。现在的统治舍弃慈爱而搞勇武，舍弃节俭而搞大规模行动，舍弃居后而争先天下，所以离灭亡也就不远了。统治者慈爱，战则胜，守则固。只要你以慈爱卫国卫身，老天都将保佑你。

道德经微阅读

【画蛇添足】

三宝之中，"不为天下先"为至宝。邓小平同志曾告诫我们要韬光养晦、善于守拙，其中就蕴含着老子式的智慧。……

如果不信，再看下篇

善为士者不武，善战者不怒，善胜敌者不与，善用人者为之下。是谓不争之德，是谓用人之力，是谓配天古之极。

正
篇

【鹦鹉学舌】

善为士者不崇尚武力，善战者不易被激怒，善胜者不与敌正面冲突，善用人者谦虚。这就是不争之德，这就是善用人者的力量，这就是顺天应人的古言至理。

【画蛇添足】

老子、孔子、孙子差不多是同时代的人，孔子大孙子一点，老子大孔子一点。孔子以老子为师，孙子是否也以老子为师？在前面的篇幅中，笔者曾讲过，老子指导了毛泽东，至于老子有没有具体指导过孙子不好说，但孙子的军事思想，与老子的哲学及军事思想在许多方面是一脉相承的。如果不信，再看下篇。

道德经微阅读

老子兵法

　　用兵者有言：吾不敢为主，而为客；不敢进寸，而退尺。是谓行无行，攘无臂，扔无敌，执无兵。祸莫大于轻敌，轻敌几丧吾宝。故抗兵相若，哀者胜矣。

势均力敌，哀者胜。

哞——

法兵子老

可否请教先生几个军事问题？

【鹦鹉学舌】

善用兵的人曾说：我不敢挑起战争，我宁愿做好防御；我不敢前进一步，而宁愿退让一尺。这就叫作行而无行、阵而无阵、兵而无兵，这就叫奋臂却似无举，临敌却似无敌，执兵却似无兵。祸莫大于轻敌，轻敌就几乎等于丧失了制胜的法宝。所以，势均力敌时，哀者胜。

道德经
微
阅
读

【画蛇添足】

这简直就是"老子兵法"了！怪不得有学者把《老子》与《孙子兵法》结合起来研究，也怪不得毛泽东把《老子》视为一部兵书。"不战而屈人之兵，善之善者也"，这是孙子说的，但你看一看，它与老子的军事哲学，是何等的一脉相承……

举世皆浊我独清

　　吾言甚易知，甚易行。天下莫能知，莫能行。言有宗，事有君。夫唯无知，是以不我知。知我者希，则我者贵。是以圣人被褐而怀玉。

正
篇

【鹦鹉学舌】

我的话很容易理解，很容易施行。但天下没人能理解，没人能施行。言有宗旨，行有根据。正因没人知其道理，所以才不理解我。知我者越少，说明我的见解越宝贵。因此圣人总是穿着粗布麻衣，而心中却怀有似玉之道。

【画蛇添足】

曲高和寡是因为曲高，老子说他的理不高，很容易理解，也的确很容易理解，但为什么没人去实行呢？

孔子和他的学生子贡曾有一段对话。子曰：莫我知也夫。子贡曰：何为其莫知子也？子曰：不怨天，不尤人，下学而上达，知我者其天乎！用大白话讲就是，孔子说："没人理解我啊！"子贡说："怎么能说没人理解您呢？"孔子说："我不怨天，不恨人，我下学礼乐而上达天命，看来理解我的只有天啊！"

君王也好，百官也好，百姓也好，很多都是争权夺利的现实主义者，而老子、孔子都是背负"天命"穿越历史时空的"天之使者"，——不践行他们的主张，不理解他们的信仰，这还是轻的，被时人嘲笑这也很正常。

借用屈原《楚辞》之言以告慰老子，也告慰孔子吧——举世皆浊我独清，众人皆醉我独醒。

最大的愚蠢是什么

知不知，尚矣；不知知，病也。圣人不病，以其病病。夫
唯病病，是以不病。

【鹦鹉学舌】

　　知道自己不知道，是明智的；不知道却自以为知道，是愚蠢的。圣人不愚蠢，是因其把愚蠢当作愚蠢。因其把愚蠢当作愚蠢，所以其不愚蠢。

【画蛇添足】

　　孔子是怎么说的呢？孔子说：知之为知之，不知为不知，是知也。用老子自己的话说就是：人贵有自知之明。

　　最大的愚蠢是什么？那就是不懂装懂。

道德经 微 阅 读

官不逼则民不反

民不畏威，则大威（威胁）至。无狎其所居，无厌（压）其所生。夫唯不厌（压），是以不厌。是以圣人自知不自见（xiàn），自爱不自贵。故去彼取此。

【鹦鹉学舌】

当民不惧其权威时，统治者就要大难临头了。切勿亵渎忽视民之所居，切勿压迫使民不聊生。只有不压迫人民，人民才不厌其统治。因此，圣人自知而不自夸，自爱而不自傲。所以要去掉自傲，保持自爱。

【画蛇添足】

官不逼则民不反。谁愿意冒着生命危险去造反？到了不反是死、反了最多也就是死的时候，你说民反还是不反？谁愿意上梁山，是被逼上梁山！

道德经 微 阅 读

天网恢恢，侥幸不得

　　勇于敢则杀，勇于不敢则活。此两者，或利或害。天之所恶，孰知其故？天之道，不争而善胜，不言而善应，不召而自来，绰然而善谋。天网恢恢，疏而不失。

正
篇

【鹦鹉学舌】

　　勇而胆大妄为者死，勇而谨慎小心者活。此二者，一利一害。上天厌恶胆大妄为者，谁知是什么缘故？天道是，不争而善于胜利，不言而善于答应，不召而自行来归。这都是坦然无私而又善于筹划的结果。天网恢恢，疏而不漏。

【画蛇添足】

　　天网恢恢，疏而不漏，侥幸不得，还是"不要侥幸"比较好。孔子曾说过这样一段话：人是靠正直而生存的，有的人不正直，也活下来了，但那是靠侥幸活下来的。有的人本人靠侥幸活下来了，但其子孙呢？也能有这样的"运气"吗？

民何以不畏死

民不畏死，奈何以死惧之？若使民常畏死，而为奇者，吾得执而杀之，孰敢？常有司杀者杀。夫代司杀者杀，是谓代大匠斫（zhuó），夫代大匠斫者，希有不伤其手矣。

正篇

【鹦鹉学舌】

当民不怕死了，当政者又如何以死来威胁？若民怕死，对铤而走险者，就抓起来杀掉，那谁还敢铤而走险？人生天地间本有天道管生管杀。如果人代天管生管杀，就像代替木匠砍伐一样，很少有不伤到自己的。

【画蛇添足】

这前后几篇，老子都是在从不同角度告诫统治者。前面，老子上来就说，当民不畏惧你的权威和官威了，你就要大难临头了；本篇，老子劈头就说，当民不畏其死了，统治者还拿什么来威胁他们？问题是，民何以不畏惧统治者的权威和官威了呢，民何以不畏惧死了呢？答案就在下篇。

苛政猛于虎

民之饥，以其上食税之多，是以饥。民之难治，以其上之有为，是以难治。民之轻死，以其上求生之厚，是以轻死。夫唯无以生为者，是贤于贵生。

正
篇

【鹦鹉学舌】

民之饥荒，是统治者苛捐杂税太多造成的。民之难治，是统治者胡作非为造成的。民之不畏死，是统治者贪得无厌造成的。不追求人生奢侈的统治者，比那些追求纸醉金迷者贤明多了。

【画蛇添足】

苛政猛于虎，乱政凶于狼，统治者贪得无厌，必定是民不聊生，老百姓已经是活不下去了，谁还惧统治者的威权，谁还怕死？

道德经微阅读

喻万物通神明

　　人之生也柔弱，其死也坚强。草木之生也柔脆，其死也枯槁。故坚强者死之徒，柔弱者生之徒。是以兵强则灭，木强则折；强大处下，柔弱处上。

【鹦鹉学舌】

人之初生身体柔软，人之衰老身体僵硬。草木初生也柔软，其老也枯槁。所以坚强是衰亡的同类，柔弱是生长的同类。所以兵强则灭，木强则折；强大者下行，柔弱者上行。

【画蛇添足】

《周易·系辞下》第二章开篇者言："古者包羲氏之王天下也，仰则观象于天，俯则观法于地，观鸟兽之文与地之宜，近取诸身，远取诸物，于是始作八卦，以通神明之德，以类万物之情。"如果把这段话说得再白话一点就是，古时，包羲氏（伏羲氏）治理天下，仰观天象，俯察地理，同时又研究鸟兽皮毛斑纹与周围环境的关系，反正是近取自身之理，远取万物之道，于是始作八卦，以领会神明之德性，以表达万物之情理。

《老子》本篇也好，《老子》八十一篇也罢，差不多篇篇都是在观天观地观万物，譬水譬河譬风雨，喻人喻事喻大道，最终"以通神明之德，以类万物之情"。

喻万物，通神明，谁能胜过老子？再看看下一篇。

老子真是比喻之高手

天之道，其犹张弓与？高者抑之，下者举之；有余者损之，不足者补之。天之道，损有余而补不足。人之道则不然，损不足以奉有余。孰能有余以奉天下？唯有道者。是以圣人为而不恃，功成而不处。其不欲见贤。

我只是打个比方而已！

先生实乃比喻大师！

我就喜欢把自己喻为"孺子牛"！

【鹦鹉学舌】

大自然的法则，不就像张弓射箭吗？高了就低一点，低了就高一点；紧了就松一点，松了就紧一点。大自然的法则，是减有余而补给不足。社会的法则恰恰相反，是夺不足而供有余。那么，谁能够拿出富余的，以供给天下人之不足呢？唯有道者方能如此。因此，有道的圣人才能做到有为而不自恃，有功而不自居。他不想显示自己的贤能。

道德经微阅读

【画蛇添足】

看本篇，望上篇，纵观九九八十一篇，老子真是比喻之高手。善譬者，一譬万金！论善譬者，中华文化五千年，谁能胜过老子？

无"柔"不老子

天下莫柔弱于水，而攻坚强者莫之能胜，以其无以易之。弱之胜强，柔之胜刚，天下莫不知，莫能行。是以圣人云：受国之垢，是谓社稷主；受国不祥，是为天下王。正言若反。

【鹦鹉学舌】

　　天下没有比水更柔更弱的了，但攻坚克强却没有胜过水的，因此，水是无可替代的。以弱胜强，以柔克刚，天下都知此理，却没谁能施行。所以有圣人说：能为国受辱者，才能成就社稷君主；能为国承受灾难者，才能成就天下君王。弱胜强，柔克刚，这些至理名言，听起来就像有违常情一样。

【画蛇添足】

　　无"柔"不成《老子》，无"水"不成《老子》，"柔性水理"贯穿《老子》始终。简而言之，无"柔"不老子，无"水"不老子，无"弱"不老子。

借条还是要留的

　　和大怨，必有余怨，安可以为善？是以圣人执左契，而不责于人。有德司契，无德司彻（十抽一的税法）。天道无亲，常与善人。

正
篇

【鹦鹉学舌】

　　大怨即便和解了，也必然留有遗痕怨迹，这怎么能叫"善和""善解"呢？所以，圣人手持借据，却不向人追债。有德之人具有像手持借据而不向人追债者一样的宽容，无德之人就像税吏一样步步紧逼。自然规律公平公正不偏不倚，为此常常受益的却是那些有德者。

【画蛇添足】

　　借给你钱，你不还我也不追讨，那干脆当初不要借条算了？老子说，借条还是要留的。比《老子》更早的《周礼》有言："结信而止讼。"所谓"结信而止讼"，就是要订立契约，防止纷争。所以，契约是要定的，借条是要写的。打住，有点跑题。

老子的理想国

　　小国寡民。使有什伯之器而不用，使民重死而不远徙。虽有舟舆，无所乘之；虽有甲兵，无所陈（阵）之。使民复结绳而用之。甘其食，美其服，安其居，乐其俗。邻国相望，鸡犬之声相闻，民至老死，不相往来。

正
篇

【鹦鹉学舌】

理想国家是国小民少。虽有各种各样的器具也不使用，民终老一生也不远走。虽有船有车，却用不着乘坐；虽有甲兵，却不用打仗。要使人民回归到结绳记事的原始状态进而使民吃好、穿好、住好，并乐其风俗习惯。国与国间相互望得见，鸡犬之声相互听得见，两国的老百姓却老死不相往来。

道德经微阅读

【画蛇添足】

面对春秋末期的战乱讨伐，民不聊生，老子终于给出了解决方案——建立小国寡民的理想之国。老子的理想国，比柏拉图的乌托邦早了一百多年。照这样说来，老子应该是柏拉图的师傅。

老子的作业完成了

信言不美，美言不信。善者不辩，辩者不善。知者不博，博者不知。圣人不积，既以为人己愈有，既以与人己愈多。天之道，利而不害；圣人之道，为而不争。

【鹦鹉学舌】

诚实之言不华美，华美之言不诚实。善者不巧言善辩，巧言善辩则非善者。智者看起来知识并不渊博，知识渊博者看起来并不智慧。圣人不自私，总是尽力帮助人，其越是帮助人自己越富有。天之道，是善利万物而不害；圣人之道，是普惠众生而不争。

【画蛇添足】

老子的作业完成了，骑上他的青牛西去了。尹关长如获至宝……中国有了《老子》，《老子》又变成了《道德经》……至于老子本人，更成了道家老祖，世界级历史名人。这真是应了老子自己的话："夫唯不争，故天下莫能与之争。"

道德经微阅读